AF224214

COMITÉ DE DÉFENSE ET DE PROGRÈS SOCIAL

Patrie, Devoir, Liberté.

APRÈS LA SÉPARATION

PAR

M. RENÉ LAVOLLÉE

Extrait de la *RÉFORME SOCIALE*

3e ÉDITION

AU SIÈGE DU COMITÉ
54, RUE DE SEINE, 54

PARIS

N° 45

LE COMITE DE DÉFENSE

ET DE PROGRÈS SOCIAL

Constitué en 1894, au *Congrès* de l'Ecole de la paix sociale, ce *Comité*, présidé par M. Anatole Leroy-Beaulieu, de l'Institut, s'appuie sur les *Unions* pour promouvoir ou patronner des conférences sociales à Paris et en province. Il propage, par de nombreuses publications, les vérités économiques et réfute les erreurs socialistes. Il a pris pour devise : *Patrie, Devoir, Liberté*, et forme, comme on l'a dit spirituellement, la « Section de combat » des *Unions de la paix sociale*. « En s'attachant ainsi à combattre hautement les utopies malsaines qui créent autour de nous comme une atmosphère de sophismes, le *Comité de défense et de progrès social* a l'espoir de susciter, parmi la jeunesse surtout, non des disciples, mais des amis et bientôt des collaborateurs. Avec le concours de tous les gens de bien, il a le noble désir de réaliser, plus largement, d'année en année, sur des principes stables et sur des faits scientifiquement observés, cet accord des esprits pour le soulagement de toutes les souffrances qui est la première condition du progrès de l'humanité et du maintien de la paix sociale. »

Conférences (broch. in-18 à 0 fr. 05).

No 1. Pourquoi nous ne sommes pas socialistes, par M. ANATOLE LEROY-BEAULIEU, de l'Institut.

No 2. L'usage de la liberté et le devoir social, par M. GEORGES PICOT, de l'Institut.

No 3. Le progrès social par l'initiative individuelle, par M. EUGÈNE ROSTAND, de l'Institut.

No 5. Le rôle et le devoir du capital, par M. E. CHEYSSON, de l'Institut.

No 7. Notre responsabilité devant le mal social, par M. LÉON OLLÉ LAPRUNE, de l'Institut.

No 8. Les assurances ouvrières et le socialisme d'Etat, par M. ALB. GIGOT.

No 9. L'agriculture et le socialisme, par M. D. ZOLLA.

No 10. Le Comité de défense et de progrès social, par M. A. LEROY-BEAULIEU, de l'Institut.

(*Voir la suite p. 30.*)

APRÈS LA SÉPARATION

Le Comité de Défense et de Progrès social, comme
l'Ecole de la Paix sociale tout entière, reste étranger
aux querelles des partis politiques et aux préoccu-
pations d'ordre purement confessionnel. Mais il ne
saurait se désintéresser de ce qui touche aux senti-
ments, aux croyances, à la vie morale de la nation, en
un mot à tout cet ensemble de vérités et d'institutions
qui forme, suivant le mot si profond de Le Play, « la
constitution essentielle de l'humanité ». Avec Le Play,
nous considérons le foyer familial comme la base
même de toute société civilisée : pourrions-nous
donc, sans protester, laisser mettre en péril la vie
religieuse qui est, pour la grande majorité de nos
concitoyens, le principe et le fondement de la vie de
famille? Après Le Play, avec Le Play, nous croyons
à la nécessité du « Décalogue éternel » pour refréner
les instincts pervers de notre nature déchue : pourrions-nous ne pas nous émouvoir des dangers qui
menacent les temples où ce Décalogue est enseigné?
Après Le Play, avec Le Play, nous estimons que le
respect des traditions léguées par le passé est, pour
tout peuple, une condition essentielle de puissance
dans le présent, de vitalité dans l'avenir : pouvons-
nous ne pas nous alarmer quand nous voyons briser
l'alliance de la France et du catholicisme, c'est-à-dire
la plus ancienne, la plus respectable et la plus féconde
de nos traditions nationales?

Assurément nous ne prétendons pas que les conditions de cette alliance doivent demeurer à tout jamais immuables et, en quelque sorte, intangibles : nous reconnaissons qu'elles peuvent, avec le temps, se modifier et se transformer; nous admettons même que, suivant l'état des sociétés, à l'alliance traditionnelle des deux pouvoirs puisse se substituer leur indépendance mutuelle, mais à la condition que cette liberté réciproque soit réelle, que les droits préexistants soient respectés, et que, sous une étiquette menteuse de séparation, on ne cherche pas à organiser un système de spoliation, d'asservissement et de persécution contre l'Église, contre ses ministres, contre ses fidèles (1). Cela, nous le repoussons hautement au nom de la liberté, au nom de la justice, au nom des droits de la conscience, au nom des intérêts primordiaux de la nation, au nom des aspirations les plus élevées de l'âme humaine.

Mais l'ère des discussions théoriques est close. La loi de séparation est votée. Que doit-on faire? Faut-il résister, à outrance, à ses prescriptions? Faut-il essayer de les appliquer? Telle est la question qui, à l'heure actuelle, passionne toute la France.

Quelques esprits pensent qu'elle est tranchée par les manifestations des catholiques contre les inventaires. Nous ne sommes pas de cet avis. Nous estimons que le problème reste entier et qu'il est urgent de le résoudre.

---

(1) Le Play, dans *la Réforme sociale en France, déduite de l'observation comparée des peuples européens*, s'était prononcé, on se le rappelle, en faveur de la séparation, mais réalisée avec les garanties d'une complète liberté. On lira toujours avec intérêt et profit le livre Ier consacré à *la Religion*. — V. aussi dans les publications du Comité les tracts n° 38, *La semaine des expulsions*, par M. Anatole Leroy-Beaulieu, de l'Institut; n° 50, *Concordat et séparation*, par M. E. Chénon, professeur à la Faculté de droit de l'Université de Paris; n° 51, *Les effets économiques et sociaux de la séparation des Églises et de l'État*, par M. Eug. Rostand de l'Institut.

La loi du 9 décembre 1905.
Attentats qu'elle consomme.

Tout a été dit, tout a été fait pour empêcher le vote de la loi du 9 décembre. On n'a pas eu de peine à montrer de quel esprit sectaire elle s'inspire ; quelles injustices, quelles spoliations elle accomplit ; quels pièges elle cache ; quels droits elle méconnaît ; quels dangereux lendemains elle prépare.

Mais tout a été inutile. Les majorités des deux Chambres ont poursuivi leur campagne, précipité leur marche, accompli leur tâche. Sans attendre l'occasion prochaine, qui leur était offerte, de consulter la nation sur le redoutable problème de la séparation, sans avoir égard aux protestations formulées par des millions de catholiques, sans tenir compte des avertissements prophétiques que leur ont prodigués des orateurs d'un républicanisme éprouvé, elles ont achevé leur œuvre de haine et de destruction. Elles ont dû, sans doute, jeter, chemin faisant, un peu de lest : il leur a bien fallu reconnaître que leur projet, sous sa forme primitive, était indéfendable, et elles n'ont pu refuser de l'amender sur quelques points ; mais l'idée maîtresse, le principe essentiel n'a pas changé ; les dispositions fondamentales n'en ont pas été modifiées.

Aujourd'hui, la nation se trouve en face du fait accompli ; l'attentat est consommé : un contrat synallagmatique, un pacte séculaire portant la signature de la France et engageant son honneur vis-à-vis du Saint-Siège, est violé, rompu, annulé sans l'assentiment de la Papauté, sans aucune tentative de négociation, sans même une notification préalable à la cour de Rome. — L'État s'était, à plusieurs reprises, engagé solennellement à subvenir aux frais du culte, comme compensation de la mesure révolutionnaire par laquelle il s'était, en 1789, approprié les biens du clergé : aujourd'hui, il répudie cette dette, bien entendu sans rendre les biens, commettant ainsi une véritable banqueroute qui servira certainement de précédent et qui, dès à présent, porte une grave atteinte à son crédit. — L'État avait, en 1801, mis les églises, pour un temps illimité, à la disposition des évêques, représentants, héritiers naturels des innombrables générations de catholiques dont ces édifices étaient l'œuvre et, par conséquent, la propriété : aujourd'hui, renouvelant et aggravant l'acte de spoliation accompli par la Révolution, il enlève ces mêmes églises aux ministres du culte et n'autorise à les transmettre à des associations cultuelles que dans des conditions pleines d'insécurité et de précarité. — La loi nouvelle dépouille de même les catholiques des biens dont la piété des fidèles avait doté les fabriques et les menses, et elle les livre à tous les hasards des attributions qui pourront en être faites aux associations cultuelles. — Comme compensation de tous ces actes de spoliation, accorde-t-elle du moins aux catholiques pleine et entière liberté d'action, sous l'empire du droit commun ? Nullement : au lieu de laisser les associations cultuelles fonctionner librement sous l'empire du droit commun, elle leur impose toute une série d'entraves légales et de dispositions restrictives que ne prévoit pas la loi du 1er juillet 1901. Sous prétexte de police des cultes, elle édicte contre les catholiques tout un code pénal spécial, dans l'intention manifeste d'effrayer les timides, de fermer la bouche aux membres du clergé et de faire le vide autour de la chaire chrétienne.

Telle est la loi nouvelle. Il faut le rappeler sans cesse ; il ne faut pas se lasser de mettre en évidence son caractère spoliateur, oppressif, inique : il ne faut pas se lasser d'affirmer, au nom de la justice, au nom de la liberté et en vue des revendications futures, les droits audacieusement méconnus et violés par elle.

Mais il ne servirait à rien de gémir et de récriminer, pas plus que de disserter théoriquement sur la grande thèse de la liberté religieuse et de la séparation réelle de l'Église et de l'État à propos de cette loi d'oppression et de haine. Ce qui importe, après avoir fait entendre la protestation nécessaire du droit et de la conscience, c'est de bien préciser la situation qui va être faite demain aux catholiques par l'application de la loi du 9 décembre 1905 et d'examiner quel parti ils vont avoir à prendre.

Analyse de la loi — Ses conséquences inévitables en toute hypothèse.

Déterminer le sens exact et les effets de la loi de séparation n'est pas, comme on pourrait être tenté de le croire, un travail inutile. Bien que cette loi soit promulguée et que le texte en ait été reproduit un peu partout, on peut dire, sans paradoxe, qu'elle est encore presque inconnue de la plus grande partie du public; et l'on ne saurait s'en étonner, car, sans parler des analyses volontairement ou involontairement inexactes qui en ont été publiées, il est certain qu'elle est, par elle-même, assez obscure. Elle touche, en effet, à des questions nombreuses, complexes, et elle porte la trace visible de la double et contradictoire inspiration dont elle procède : celle des radicaux qui l'auraient volontiers rendue nette et tranchante comme le couteau de la guillotine, celle de la minorité libérale qui a cherché et parfois réussi à l'atténuer à l'aide de formules mitigées, transactionnelles et souvent intentionnellement imprécises.

Il faut ajouter que cette loi a été combinée avec une très grande habileté, de manière à ne provoquer au début ni secousses, ni émotions violentes. Sans doute, les relations se trouvent rompues définitivement avec le Saint-Siège ; mais elles l'étaient déjà en fait. Sans doute, une minime partie du clergé, les prêtres encore jeunes et non rétribués par l'État, sont exposés à perdre les traitements que leur allouaient les départements ou les communes; mais tous les autres vont recevoir, suivant les cas, soit des pensions viagères représentant les trois quarts ou la moitié de leur rétribution actuelle, soit des allocations qui, pour la première année, seront égales à leurs traitements antérieurs. Pendant cette même année, les fabriques et les menses, bien que supprimées, se survivront, pour ainsi dire, afin d'assurer leur propre liquidation : elles conserveront durant cette période la jouissance de leurs biens et les églises resteront encore, pendant douze mois, ouvertes, dans les conditions actuelles, aux fidèles, en attendant que ceux-ci aient constitué des associations cultuelles.

De cette façon, les auteurs de la loi espèrent que l'année 1906, — l'année des élections, — pourra s'écouler sans encombre. « Rien ne sera changé *en apparence* », comme le disait dans son rapport à la Chambre M. Briand lui-même, et l'on pourra ainsi s'acheminer tout doucement vers l'échéance redoutable du 9 décembre 1906.

A partir de ce moment, la loi produira toutes ses conséquences, les unes inévitables, les autres pouvant varier suivant l'attitude prise par les catholiques.

Ainsi, dans tous les cas, le divorce sera consommé entre l'État et l'Église. Dans tous les cas, le budget des cultes disparaîtra graduellement pour ne plus laisser subsister, à partir de 1914 au plus tard, que les quelques pensions viagères attribuées aux prêtres les plus anciens d'âge et de services.

Il est vrai qu'en revanche l'Église se trouvera et se trouve dès à présent dégagée de certaines obligations qui la liaient à l'État : désormais, la nomination des évêques dépend uniquement du Pape et

celle des curés appartient aux évêques : c'est la consé-
quence logique, forcée de la dénonciation du Concordat, et toute tentative faite pour rétablir, sous une
forme plus ou moins déguisée, le contrôle de l'État
serait un monstrueux abus de la force, une provo-
cation intolérable, une véritable déclaration de guerre.

De même, désormais, les membres du clergé ont
pleine liberté de se réunir, de s'associer, de com-
muniquer entre eux et avec Rome sans aucune
immixtion du pouvoir civil. Enfin, l'ouverture des
chapelles particulières et l'exercice du culte privé
sont redevenus libres, du moins en principe. Toute-
fois, si les articles organiques et ceux du Code pénal
contre les délits de prédication sont abrogés par la
législation nouvelle, ils renaissent sous une autre
forme au titre de la police des cultes. Dans cette partie de la loi, on ne se borne pas, en effet, à interdire,
sous les peines de simple police, toute réunion politique dans les locaux servant habituellement à l'exercice d'un culte, toute cérémonie extérieure du culte,
toute sonnerie de cloches sans l'agrément de l'autorité civile et toute érection ou apposition d'emblème
religieux sur un monument public ; on ne se contente
pas de frapper d'une amende de 16 à 200 francs ou
d'un emprisonnement de six jours à deux mois les
atteintes directes à la liberté de conscience ou le
trouble apporté aux exercices d'un culte : on édicte
encore d'autres pénalités beaucoup plus sévères et
beaucoup moins justifiées contre les membres du
clergé soit pour de simples vivacités de langage, soit
même pour l'accomplissement de leur devoir. Ainsi,
l'outrage ou la diffamation contre un citoyen chargé
d'un service public sera puni d'une amende de 500
à 3.000 francs et d'un emprisonnement d'un mois à
un an, s'il est commis publiquement par un ministre
du culte et dans un lieu où s'exerce ce culte. Ainsi
encore, emprisonnement de trois mois à deux ans

non seulement contre tout ministre du culte qui aura, dans un lieu de culte, tenu des discours publics tendant à soulever ou armer une partie des citoyens contre les autres, mais encore contre ceux qui, dans les mêmes conditions, auront excité à résister à l'exécution des lois ou aux autres actes légaux de l'autorité publique, — cette loi ou ces actes fussent-ils autant de crimes au regard de la loi religieuse ou même de la simple morale. Encore ces rigueurs pourraient-elles se défendre si la répression des écarts de langage des ecclésiastiques était confiée au juge ordinaire des délits d'opinion, c'est-à-dire à la cour d'assises ; mais il n'en est rien et, par une dérogation significative au droit commun, c'est au tribunal correctionnel que cette loi d'exception attribue compétence.

Tel est le régime draconien qu'une Chambre expirante a imposé à quiconque prétendra désormais adorer et servir Dieu à sa manière ; tel est le code de persécution qu'un Sénat docile a enregistré en quelques séances, et qui est dès aujourd'hui applicable à tous les catholiques, ou, pour parler plus exactement, à tous les adhérents d'un culte quelconque. Ils y sont soumis, d'ailleurs, par le seul fait de la promulgation de cette loi, quelque attitude qu'ils prennent à son égard, qu'ils l'acceptent ou lui résistent, qu'ils l'ignorent ou essaient de s'y conformer.

Mais il en est tout autrement des règles qui ont trait à l'attribution des biens des fabriques, à la jouissance des édifices du culte, et qu'il reste à examiner.

Conséquences variables de la loi. — Première solution : user de la loi. — Les associations cultuelles.

Deux solutions sont possibles : ou les catholiques accepteront la loi, ou ils lui résisteront ; pour parler plus exactement, ou ils useront ou ils n'useront pas des facultés qu'elle leur reconnaît et des droits qu'elle leur laisse.

Dans le premier cas, ils pourront conserver leurs églises et les biens des fabriques, mais à la condition de former des associations cultuelles. Le mode de fonctionnement de ces associations est, on le sait, minutieusement réglé par la nouvelle loi. Leur objet propre et exclusif est de subvenir aux frais, à l'entretien et à l'exercice public d'un culte. En dehors des prescriptions générales de la loi du 1er juillet 1901 sur les associations, elles sont tenues, en outre, d'observer les règles suivantes :

Elles doivent se composer au moins de sept personnes majeures (hommes ou femmes) dans les communes de moins de 1.000 habitants ; de quinze dans les communes de 1.000 à 20.000 habitants, et de vingt-cinq dans les communes de plus de 20.000 habitants. — Un compte rendu de leur « gestion financière » et de leur « administration légale » doit être soumis annuellement par leurs directeurs ou administrateurs à l'approbation de l'assemblée générale des membres de chaque association. — Les associations cultuelles pourront recevoir non seulement les cotisations de leurs membres dans les limites fixées par la loi du 1er juillet 1901, mais encore le produit des quêtes et collectes, des rétributions pour services religieux, « même par fondation », le prix de location, soit des bancs ou chaises, soit des fournitures pour les cérémonies du culte. — Elles pourront verser, sans frais, l'excédent de leurs ressources à d'autres associations ayant le même objet ; former entre elles des Unions embrassant au besoin tout le territoire de la France ; enfin, constituer, dans certaines limites et sous certaines conditions, des fonds de réserve soit pour assurer le service du culte, soit pour faire face aux frais d'achat, de construction, de décoration ou de réparation de leurs meubles ou immeubles. — Elles doivent tenir un état de leurs recettes et dépenses, ainsi qu'un compte financier de l'année écoulée et dresser un inventaire également annuel de leurs biens meubles ou immeubles. Elles sont soumises au contrôle financier de l'Enregistrement et de l'Inspection des finances.

Si elles n'observent pas les prescriptions générales de la loi de 1901, si elles n'ont pas le nombre de membres suffisant, si elles commettent quelque infraction aux règles établies par la loi nouvelle en ce qui concerne soit le compte rendu à l'assemblée générale annuelle, soit la tenue d'une comptabilité régulière, soit la quotité, le placement et l'emploi de leurs réserves, leurs directeurs ou administrateurs seront punis d'une amende de 16 à 200 francs et, en cas de récidive, d'une amende double; les tribunaux pourront, en outre, dans ces divers cas, prononcer la dissolution de l'association ou de l'union.

Le rôle réservé à ces associations est, d'ailleurs, des plus importants. Elles constituent, à vrai dire, le rouage essentiel de la nouvelle organisation cultuelle envisagée par le législateur. C'est à elles qu'est attribué le droit d'assurer l'exercice public du culte. C'est à elles que peuvent être dévolus les biens des menses et des fabriques. C'est elles qui sont appelées à recevoir les édifices consacrés aux cultes, savoir : les églises à titre gratuit et sans limitation de durée; les presbytères et les grands séminaires pour cinq ans; les évêchés et archevêchés pour deux ans à partir de la promulgation de la loi (9 décembre 1905).

On a vu plus haut à quelles règles restrictives sera soumis le culte public organisé par elles. Il faut maintenant examiner comment et à quelles conditions elles pourront devenir attributaires soit des biens des fabriques, soit des édifices du culte.

L'attribution des biens des fabriques et des menses.

Ainsi qu'on l'a déjà dit, c'est des mains des représentants légaux des menses et des fabriques que les associations cultuelles pourront, le cas échéant, recevoir les biens, ou du moins la majeure partie des biens qui composaient le patrimoine de ces établissements ecclésiastiques. Ceux-ci devront avoir fait cette attribution un an, au plus tard, après la promulgation de la loi, c'est-à-dire le 9 décembre 1906. Ils ne pourront y procéder qu'un mois après la promulgation du règlement d'administration publique prévu par la loi et qui doit, d'ailleurs, être rendu dans les trois mois qui suivront la promulgation de cette loi, c'est-à-dire, au plus tard, le 9 mars prochain, de sorte que le délai utile peut se trouver réduit, pour eux, à huit mois.

Ils auront, de plus, à se conformer, pour l'attribution des biens des fabriques et d'après la nature de ceux-ci, aux règles suivantes :

En principe, les biens des menses et fabriques devront être transférés, avec toutes les dettes, charges et obligations qui les grèvent et avec leur affectation spéciale, aux associations cultuelles « qui se seront légalement formées *en se conformant aux règles d'organisation générale du culte dont elles se proposent d'assurer l'exercice* ».

Telle est la règle générale, mais elle souffre plusieurs exceptions.

D'abord, les biens provenant de l'État et qui ne sont pas grevés d'une affectation pieuse créée antérieurement au Concordat feront retour à l'État.

En second lieu, les biens « grevés d'une affectation charitable ou de toute autre affectation étrangère à l'exercice du culte » devront être attribués, par les représentants légaux des menses ou fabriques, « aux services ou établissements publics ou d'utilité publique dont la destination est conforme à celle desdits biens ». Cette attribution devra être soumise à l'approbation du préfet. S'il la refuse, il sera statué par décret en Conseil d'État.

Les biens ainsi attribués pourront être revendiqués dans les six mois, en raison de donation ou de legs et seulement par les auteurs de la libéralité ou par leurs héritiers en ligne directe.

Il faut noter encore qu'il sera procédé à un classement complémentaire des édifices du culte comme monuments historiques, ainsi que de leur mobilier. Celui-ci sera inscrit d'office et provisoirement sur la liste des objets classés d'après la loi de 1887, et il sera procédé par l'administration, dans les trois ans, à un classement définitif. A l'expiration de ce délai, les objets mobiliers non inscrits sur la liste seront déclassés de plein droit. Mais, d'ici-là, il n'y pourra être rien changé sans autorisation administrative, et cette interdiction est sanctionnée par des peines très sévères.

Si les représentants légaux des menses et fabriques n'ont pas fait attribution des biens dans les délais fixés par la loi, il y sera pourvu par décret.

Il peut arriver que les biens des menses et fabriques soient réclamés, « soit dès l'origine, soit dans la suite », par plusieurs associations formées pour l'exercice d'un même culte : en ce cas, l'attribution faite par les représentants légaux des établissements ecclésiastiques pourra être, dans le délai d'un an, contestée devant le Conseil d'État statuant au contentieux, — lequel, dit la loi, « prononcera en tenant compte de toutes les circonstances de fait ». Même après le délai d'un an, l'attribution primitive pourra encore être contestée devant le Conseil d'État et à n'importe quel moment dans un certain nombre de cas que la loi énumère : s'il se produit une scission dans l'association nantie des biens ; si, par suite d'une modification dans le territoire de la circonscription ecclésiastique, il se crée une association nouvelle ; enfin, si l'association attributaire n'est plus en mesure de remplir son objet.

Que deviendront les églises?

Les églises suivront le sort des biens des fabriques : elles seront laissées gratuitement à la disposition des établissements publics du culte (fabriques et menses), puis à celle des associations appelées à les remplacer et auxquelles les biens de ces établissements auront été attribués dans les conditions que nous venons d'indiquer.

Mais cette jouissance, bien qu'illimitée dans sa durée, ne sera pas toujours définitive. Elle pourra cesser et l'église pourra être transférée à une autre association, dans divers cas que la loi indique : si l'association bénéficiaire est dissoute ; si, en dehors des cas de force majeure, le culte cesse d'être célébré pendant plus de six mois consécutifs ; ensuite, si la conservation de l'édifice ou des objets mobiliers classés comme monuments historiques est compromise par insuffisance d'entretien ; puis, « si l'association cesse de remplir son objet », ou si les édifices sont détournés de leur destination ; enfin, si l'association ne pourvoit pas aux réparations ou à l'assurance des édifices du culte ou si elle ne satisfait pas aux prescriptions concernant les monuments historiques. Dans tous ces cas, la désaffectation des églises pourra être prononcée par décret rendu en Conseil d'État. Elle pourra être prononcée pour toute autre cause par une loi.

C'est donc l'arbitraire même, — arbitraire administratif ou arbitraire législatif.

Caractères que doivent présenter les associations cultuelles.

Et ce qui rend cet arbitraire plus dangereux encore, c'est l'incertitude que la loi a laissé planer, — sans doute à dessein — sur les caractères que doivent présenter les associations cultuelles pour recevoir l'attribution des biens de fabriques et celle des églises.

Suivant la formule reproduite plus haut, elles doivent se constituer « en se conformant aux règles générales d'organisation du culte ». Quelle est la portée, quel est le sens de cette disposition essentiellement vague ? On a cherché à le déterminer; mais on n'y a qu'imparfaitement réussi. Le critérium véritable pour les associations cultuelles catholiques aurait été l'approbation épiscopale; mais les auteurs de la loi ont refusé d'y inscrire une disposition aussi « cléricale ». A défaut de choix par l'évêque, ils ont admis que la présence d'un prêtre était une indication, une condition essentielle; mais quel prêtre? Ne faudrait-il pas que ce fût un prêtre approuvé par l'évêque? Dans le cas possible de conflit entre deux associations comprenant toutes deux parmi leurs membres un prêtre catholique, dont l'un peut être un prêtre condamné pour hétérodoxie ou même interdit, qui décidera, qui choisira? Ce sera un tribunal civil, — et non pas le juge de droit commun, mais un tribunal administratif et politique au premier chef, — le Conseil d'Etat statuant au contentieux. Et il choisira, dit la loi, « en tenant compte de toutes les circonstances de fait » : en d'autres termes, il pourra, pour donner la préférence à une association cultuelle, avoir égard à la désignation faite par l'autorité ecclésiastique et y voir une « circonstance de fait » susceptible d'influer sur sa décision; mais il ne sera jamais tenu de s'y conformer.

Evidemment, le sort des églises et des biens de fabrique sera, dans nombre de cas, fort aventuré !

Deuxième solution : ne pas user de la loi. Conséquences.

Voilà, résumée aussi exactement que nous avons pu le faire, la situation des catholiques s'ils se résignent à faire l'essai de l'application de la loi nouvelle. Recherchons maintenant ce qu'il adviendra dans l'hypothèse inverse, c'est-à-dire si, tenant cette loi pour non avenue, ils prennent le parti de la résistance.

Ici, les résultats apparaissent beaucoup plus clairement. Aucune association cultuelle vraiment catholique ne se constituant pour recueillir les biens des menses et des fabriques, ceux-ci seront recueillis par de faux catholiques, ou encore, à défaut de toute association cultuelle, « ils seront attribués par décret aux établissements communaux d'assistance ou de bienfaisance situés dans les limites territoriales de la circonscription ecclésiastique intéressée ». Quant aux églises, presbytères, évêchés et grands séminaires, que la loi a soin de déclarer propriétés de l'État, des départements et des communes, ils pourront, dès le 9 décembre prochain, être désaffectés par leurs propriétaires, mis en vente, démolis, transformés en salles de réunion ou de théâtre, en maisons de rapport, en écoles, en cabarets, etc., suivant la fantaisie du ministre, des conseils généraux et des conseils municipaux.

Les catholiques auront la ressource de se réfugier soit dans les rares édifices religieux construits depuis le Concordat et exclusivement à leurs frais, soit dans les chapelles particulières, soit dans les églises qu'ils pourront louer ou faire construire, soit dans les granges ; mais ils seront exposés aux pires chicanes, aux fermetures sous prétexte d'hygiène, aux poursuites pour exercice déguisé d'un culte public.

Celui-ci, on se le rappelle, quand il aura lieu dans les édifices attribués aux associations cultuelles, ne pourra s'exercer qu'en se conformant, sauf de légères dérogations, aux prescriptions de la loi sur les réunions publiques. Le culte privé est évidemment affranchi de cette entrave ; le président et le rapporteur de la Commission du Sénat l'ont formellement reconnu. Ses cérémonies seront assimilées à des réunions privées : elles ne devront donc être accessibles qu'aux personnes munies de lettres d'invitation. Celles-ci peuvent, assurément, être distribuées pour toute l'année à tous les paroissiens ; mais qu'arrivera-t-il si elles sont égarées ? si l'on omet de s'en munir ? si un étranger pénètre dans l'église, peut-être à dessein pour donner prétexte à des poursuites ? Les cartes d'invitation seront-elles nécessaires pour aller à l'église en dehors des heures des offices, par exemple pour y recevoir les sacrements ? Enfin, la parole sacerdotale sera-t-elle libre dans les chapelles privées ? N'est-il pas à craindre que son exercice devant les fidèles assemblés ne soit considéré comme donnant lieu à des poursuites pour délits de prédication en public ?

Autant de points noirs, autant d'incertitudes et de menaces dont il n'est pas possible de ne pas tenir compte.

Quel parti prendre ? C'est Rome qui, seule, peut et doit le dire.

Et, maintenant, il faut conclure. En présence des deux solutions possibles, des périls certains et des avantages problématiques que chacune d'elles présente, il s'agit de savoir laquelle est la meilleure — ou plutôt la moins mauvaise.

C'est ce que Rome dira prochainement, et il est d'ores et déjà indiscutable que ses prescriptions, quelles qu'elles soient, seront docilement suivies par tous les catholiques de France. C'est là, quant à présent, le seul fait certain ; mais il est acquis et infiniment heureux. En attendant, l'opinion et la parole de chacun restent libres : qu'il soit donc permis à un simple laïc d'indiquer, en toute humilité, ce que lui paraîtraient conseiller l'intérêt du catholicisme et celui de la France.

On a dit qu'accepter la loi serait une « apostasie ». D'autres ont prétendu que ne pas l'accepter serait « ruiner l'Église de France ». On nous pardonnera de ne nous associer à aucun de ces jugements absolus qui, s'ils n'étaient pas des exagérations oratoires, placeraient le Saint-Siège en face d'un dilemme singulièrement périlleux. Grâce à Dieu, l'Église de France a trop de vitalité pour que son existence même puisse dépendre de l'organisation des associations cultuelles et de l'application d'une loi fabriquée par MM. Combes, Briand, Bienvenu-Martin, Maxime Lecomte et consorts. D'un autre côté, le mot d' « apostasie » est un bien gros mot, surtout dans la bouche d'un laïc, à qui peut-être manque un peu la compétence nécessaire pour prononcer si absolument en matière de foi ou même de simple discipline ecclésiastique, alors que nous voyons les princes de l'Église eux-mêmes hésitants et divisés.

Sans doute, quand le pouvoir civil prétend imposer aux fidèles un acte manifestement contraire soit aux dogmes, soit aux principes fondamentaux de l'Église ou aux règles essentielles de son organisation, il n'y a place ni pour le doute, ni pour l'hésitation, et l'apparence même de la soumission peut passer pour apostasie. Si la loi empiète sur la juridiction spirituelle de l'Église, si, par exemple, elle prétend, comme la constitution civile du clergé, substituer aux pasteurs institués par le Pape et les évêques des prêtres élus par des assemblées politiques, il est évident que la résistance la plus intransigeante est un devoir absolu. Ce devoir, on se rappelle comment, sous la Révolution, les catholiques surent l'accomplir jusqu'au martyre ; les catholiques de nos jours sauraient certainement, s'il le fallait, imiter ce noble exemple, et il est vraisemblable que dans la suite les occasions ne leur manqueront pas.

Mais aujourd'hui, est-ce dans ces termes que la question se pose ?

Assurément, l'auteur de ces lignes ne saurait être suspect quand il parle de la loi de séparation. Il ne dissimule rien des iniquités qu'elle consacre, des dangers qu'elle crée, des pièges qu'elle cache ; il n'a cessé de les dénoncer, il a fait ce qu'il pouvait, dans la modeste mesure de ses forces, pour qu'elle ne soit pas votée. Mais autre chose est de combattre une loi en discussion, autre chose de la subir une fois votée et, tout en protestant hautement contre son principe, de rechercher s'il est possible d'en tirer parti.

La loi est-elle schismatique ?

On prétend, il est vrai, que c'est une loi schismatique. Qu'elle le soit dans l'intention de ses auteurs, cela n'est pas douteux ; qu'elle renferme des germes de schisme, qu'elle puisse mener au schisme, cela est vrai également, surtout si elle est appliquée par de mauvais juges et si les catholiques commettent des fautes de tactique. Mais s'en suit-il que, dès à présent, on ne puisse, sans tomber dans le schisme, essayer d'en exécuter aucun article, que l'on ne puisse, par exemple, créer une association cultuelle sans cesser d'être catholique ?

Les associations cultuelles sont-elles incompatibles avec la hiérarchie catholique?

A première vue — et jusqu'à ce que l'autorité religieuse se soit prononcée, — cela paraît vraiment bien difficile à admettre. Est-il donc interdit aux catholiques laïques de former entre eux des associations religieuses? Leur est-il défendu de gérer les intérêts purement temporels des églises et d'assurer, au point de vue matériel, l'exercice du culte? N'est-ce pas, précisément, ce que font, depuis longues années, et avec l'approbation de l'Église, tous les membres des conseils de fabrique?

Mais, — dira-t-on, — les conseils de fabrique sont institués par l'autorité ecclésiastique ; ils ne fonctionnent que sous la surveillance et, en quelque sorte, sous l'œil de l'évêque, à qui les canons ont remis la gestion des biens ecclésiastiques, et dont les fabriciens ne sont que les délégués.

Et qui empêche de perpétuer ce système? Les associations cultuelles étant maîtresses absolues du choix de leurs membres et de la rédaction de leurs statuts, qui s'oppose à ce que leurs conseils d'administration et de direction, tout au moins, soient composés des membres mêmes des anciens conseils de fabrique ? Pourquoi ne serait-il pas stipulé dans leurs statuts que leurs administrateurs doivent être agréés au préalable par l'évêque ? que cette investiture doit être renouvelée à intervalles déterminés ? que le curé sera, de droit, membre et président du conseil d'administration et de l'association elle-même? enfin, qu'en cas de désaccord entre lui et son conseil, le différend sera tranché souverainement par l'évêque ? Avec ces précautions, que rien dans la loi n'empêche de prendre, les inconvénients et les dangers de celle-ci seraient, à notre avis, grandement atténués.

On objecte qu'il pourra surgir des associations cultuelles étrangères ou hostiles au catholicisme, qu'elles revendiqueront les biens ecclésiastiques, les églises, et que le Conseil d'État pourra leur donner raison. Cela est possible, en effet. Mais est-ce un motif suffisant pour laisser le champ libre aux adversaires et ne pas essayer d'opposer aux associations hétérodoxes des associations orthodoxes ?

Possibilité de les constituer.

On exprime la crainte que, dans certains pays, il ne soit malaisé de trouver le nombre de membres exigé pour constituer une association cultuelle. Cela semble difficile à croire, étant donné surtout que les femmes peuvent entrer dans les associations de ce genre ; mais, cela fût-il, l'objection ne porte pas. Pour qu'il y ait quelque part des associations cultuelles, faut-il donc qu'il y en ait partout ? En constituer n'est pas une obligation ; c'est seulement une faculté, dont il peut être à propos, suivant les cas, d'user ou de ne pas user. Est-il nécessaire qu'il y ait sur toute l'étendue de la France une organisation invariable, uniforme ? Ne serait-il pas meilleur de laisser aux évêques, dans les limites canoniques fixées par le Pape, une certaine latitude pour assurer le culte d'après les circonstances et les conditions particulières de chaque diocèse, parfois même de chaque paroisse ? Pour les églises, par exemple, est-ce qu'il est obligatoire de les abandonner toutes ou de les conserver toutes ? Et la prudence ne conseillerait-elle pas de renoncer à celles dont l'entretien ou les réparations entraîneraient des charges trop lourdes ?

Quelle est la responsabilité de leurs membres?

Pour soutenir que les associations cultuelles, — fussent-elles autorisées par l'Église, — ne pourront pas en fait arriver à se constituer, on argue encore de l'énormité des responsabilités pécuniaires et pénales auxquelles leurs administrateurs, et même leurs simples membres, seraient exposés et qui pourraient faire hésiter même les moins timides. C'est un point qu'il importe d'éclaircir, en se reportant au texte de la loi. Or, d'après celle-ci, aucune pénalité n'est édictée contre les simples membres de l'association. Quant aux directeurs ou administrateurs, ils pourront encourir une amende de seize à deux cents francs et, pour récidive, une amende double dans les cas suivants : s'ils commettent une infraction aux dispositions de la loi du 1ᵉʳ juillet 1901 sur les associations ; si l'association cultuelle n'a pas le nombre de membres nécessaire ; s'ils font obstacle à la sortie d'un de ses membres ; s'ils négligent de présenter à l'assemblée générale leur compte annuel de gestion ; s'ils ne tiennent pas la comptabilité ou ne dressent pas l'inventaire prescrit par la loi ; enfin s'ils constituent des réserves excédant le *maximum* fixé par la loi.

La responsabilité des directeurs ou administrateurs sera encore engagée s'ils ont, pour la célébration du culte dans les édifices appartenant à l'association, négligé d'en assurer la publicité ou de faire la déclaration au moins annuelle prescrite par la loi ; s'ils ont prêté ces édifices pour la tenue d'une réunion politique ; s'ils ont organisé une cérémonie extérieure du culte ou des sonneries de cloches sans accord avec l'autorité civile ; érigé ou apposé un emblème religieux sur un monument public. Dans ces diverses circonstances, ils encourront les peines de simple police.

Enfin, en cas de condamnation soit pour défaut de publicité ou de déclaration d'une réunion de culte, soit pour réunion politique dans un local consacré au culte, soit pour délit de prédication commis par un ecclésiastique, « l'association constituée pour l'exercice du culte dans l'immeuble où l'infraction a été commise sera civilement responsable ». Cette responsabilité purement civile, nullement pénale, portera donc sur l'avoir collectif de l'association, jamais sur la fortune personnelle de ses membres.

En énumérant ainsi ces pénalités, on n'a certes pas la pensée de les justifier, ni d'en essayer l'apologie. Elles sont assurément iniques, contraires à toute idée de tolérance et de liberté, et l'on ne saurait trop vivement protester contre leur établissement. En les précisant, on n'a eu d'autre but que de montrer qu'elles sont, après tout, assez faciles à éviter sans aucune capitulation de conscience et pas assez rigoureuses pour faire reculer les fidèles, même les moins audacieux.

La résistance. Que serait-elle ?

Supposons maintenant que l'on se décide à se passer de la loi, à l'ignorer, à lui résister ouvertement. Les résultats en sont très faciles à prévoir. Au bout d'un an, les biens des fabriques seront perdus par les catholiques ; dans le même délai, églises et presbytères seront repris par l'État, les départements et les communes. Celles-ci, il est vrai, pourront, là où les conseils municipaux seront bien disposés, louer ces édifices, souvent pour un loyer minime, aux associations libres des fidèles ou même aux ministres des cultes ; mais, dans un trop grand nombre de cas, les municipalités radicales ou socialistes, sinon l'État, se feront un jeu de procéder à la désaffectation des églises, à l'éviction, à l'expulsion du clergé et des fidèles.

On résistera, dit-on ; mais comment et jusqu'à quel point résistera-t-on? Se contentera-t-on de se faire traîner violemment hors du sanctuaire pour s'incliner ensuite devant la force? Nous savons par expérience que ces scènes scandaleuses ne produisent sur l'opinion publique qu'une impression des plus fugitives.

Ira-t-on plus loin? Opposera-t-on la force à la force? C'est, — il faut le reconnaître, — la seule résistance qui compte; c'est la résistance des Vendéens, la seule qui, tout en excitant des haines féroces, se fait du moins respecter, même des adversaires. Mais, dans ce cas, il faut aller jusqu'au bout, jusqu'au sang, jusqu'aux coups, non pas de canne, mais de fusil. Or, combien y a-t-il encore, en France, de Vendéens prêts à faire le coup de feu pour leur église? Et, même y en eût-il des légions, est-il désirable que la croix et le tabernacle soient défendus à coups de fusil, par le sang et le carnage?

On ne tuera pas — répondent les partisans de la résistance, — on se laissera tuer, et, cette fois encore, le martyre engendrera la foi. Ceux qui parlent ainsi ont raison en principe. La résistance qu'ils préconisent est la vraie: c'est celle qui convient le mieux à des chrétiens, et elle est féconde entre toutes, car le sang des martyrs a toujours été semence de fidèles. Mais ils se trompent d'époque. Nos persécuteurs ne tueront pas; ils n'auront garde de donner à leurs victimes l'auréole du martyre. Platement, bassement, ils se contenteront de les jeter dehors sur le pavé, ils en traîneront quelques-uns en police correctionnelle, puis ils fermeront les églises.

Ses conséquences. — Le culte privé.
Les missions.

Et, celles-ci fermées, quand y rentrera-t-on?
Dans les pays de foi ardente, cela ne tardera guère.

Mais, dans l'immense majorité des départements, il n'en sera pas de même. L'opinion publique, pervertie par le fétichisme de la loi, ne comprendra pas pourquoi, pouvant assez facilement s'assurer la jouissance gratuite de leurs églises pour un temps illimité, les catholiques ont préféré s'en faire chasser plutôt que de se grouper et de s'associer. Elle leur reprochera d'avoir cherché les conflits et les querelles; elle les accusera d'intransigeance et d'arrière-pensées politiques.

Ils se réfugieront dans des salles improvisées, dans des chapelles particulières, dans des granges, s'ils en trouvent : y seront-ils suivis? Et, y fussent-ils suivis, les inconvénients de telles installations ne feront-ils pas bientôt le vide autour d'eux? Le paysan, dont il sera déjà difficile d'obtenir la somme nécessaire pour le traitement du curé, voudra-t-il jamais contribuer à la création d'un nouvel édifice religieux, alors qu'il a l'église à sa porte? Ne restera-t-il pas plus attaché à celle-ci qu'à son curé même, et ne sera-t-il pas tenté d'aller y entendre, par curiosité, le prédicateur non orthodoxe qui, parfois, viendra s'y installer avec les encouragements et l'appui secret des autorités?

A l'église fermée on suppléera, dit-on, par des missions. Sans doute ; mais les missions assureront-elles l'exercice régulier et quotidien du culte ? Pourront-elles satisfaire aux besoins assurément trop modestes, mais cependant salutaires, des populations, entretenir en elles les habitudes religieuses qu'elles conservent encore ? Sont-ce les missionnaires qui baptiseront les enfants, qui feront faire chaque année la première communion, qui marieront les fiancés, qui apporteront aux mourants les secours de la religion ? — Tout cela manquera de plus en plus aux campagnes; de vastes espaces seront menacés d'un retour au paganisme pratique; des milliers, des millions d'âmes, qui gardaient un reste de foi et de pratique religieuse suffisant pour les sauver à l'heure suprême, seront perdues pour toujours.

Conclusion.

Voilà ce que l'on risque avec le système de la résistance à outrance. En politique, il est permis d'essayer de la politique du pire; mais en a-t-on le droit quand le salut des âmes est en jeu?

Il est encore une dernière considération que l'on ne saurait négliger. Le nouveau régime a pour caractéristique l'instabilité. Établi non par traité, mais par une loi, il peut, d'un jour à l'autre, être modifié par une autre loi. C'est bien sur quoi comptent nos adversaires. Ils ont dit assez clairement et assez haut, lors du vote final, que pour eux la loi de séparation n'est qu'une simple étape, un commencement, une préface, et ils comptent bien la compléter, c'est-à-dire l'aggraver, dans un avenir prochain. Ils n'y réussiraient que trop aisément si, par une résistance violente, les catholiques leur fournissaient l'occasion et le prétexte de nouvelles rigueurs.

Mieux vaut nous inspirer de leur exemple et suivre leur tactique. Ils ont procédé lentement et sûrement, délogeant successivement les catholiques de toutes leurs positions. C'est à nous, à notre tour, de nous défendre pied à pied, en disputant l'une après l'autre chacune des lignes de retraite qui nous restent, en nous gardant de compléter par une sorte de suicide la tentative d'assassinat dont nous venons d'être les victimes. C'est à nous de mettre nos adversaires de plus en plus dans leur tort, de les rendre de plus en plus odieux en les obligeant à de nouvelles violences que nous n'aurons pas provoquées.

Il importe surtout de ne pas oublier que, si les persécuteurs du catholicisme en France sont animés de haines sectaires, c'est sur le terrain politique, par la lutte politique, par les élections qu'ils ont engagé la bataille et jusqu'à présent remporté la victoire. Nous ne retrouverons la paix et la liberté religieuse qu'en faisant comme eux, comme ont fait et font encore les catholiques de Belgique, les catholiques d'Allemagne. Ceux-ci ont défendu leur foi par une action incessante, méthodique, minutieuse, en formant un parti compact, merveilleusement organisé et discipliné, toujours sur la brèche et dans l'arène. Les catholiques allemands ont triomphé par ce moyen, bien qu'ils ne soient qu'une minorité dans l'Empire : les catholiques français, qui représentent l'immense majorité de notre pays, seront-ils moins habiles, moins actifs ou moins courageux? Faute d'organisation, se laisseront-ils indéfiniment vaincre et opprimer? A la veille d'élections d'une importance capitale, vont-ils, par un inexplicable snobisme, continuer à dédaigner, comme au-dessous d'eux, la lutte politique et l'action électorale?

La loi que nous subissons et détestons est essentiellement revisable : ne l'oublions jamais! Nos adversaires veulent en profiter pour l'aggraver : sachons faire triompher une majorité qui l'améliore, qui en fasse une loi de liberté. C'est là l'œuvre essentielle et obligatoire, l'œuvre par excellence, l'œuvre des œuvres, le devoir de l'heure présente. Quelles que soient les instructions qui nous viendront de Rome, qu'il faille essayer d'appliquer la loi ou lui opposer une résistance ouverte, c'est au mois de mai, lors des élections, que se décidera notre sort. Le devoir de tout catholique, de tout chrétien, nous dirons même de tout libéral et de tout honnête homme est de se jeter, à corps perdu, dans cette mêlée décisive, de l'issue de laquelle dépend le sort de la religion en France, celui de la liberté, celui de la patrie.

Il faut se tenir prêts à tous les sacrifices et à toutes les épreuves; mais, si nous savons les affronter avec

courage, nous pouvons garder une confiance inébran-
lable dans le succès, comme dans la sainteté de notre
cause. Nos adversaires auront beau accumuler les
lois de persécution et même de proscription : ils ne
sauraient effacer, extirper de notre sol quatorze
siècles de christianisme. S'ils ferment nos églises, ils
n'atteindront pas le temple invisible que nous avons
élevé dans nos cœurs au « Christ ami des Francs ».
Ils n'éteindront pas la foi de notre âme immortelle en
ce Dieu créateur, juge et sauveur dont le ciel étoilé,
comme le moindre brin d'herbe, raconte la gloire.
Quand même ils pousseraient la persécution aux der-
nières limites, quand ils imposeraient à notre pauvre
France le silence de la Terreur, les catholiques leur
crieraient encore, comme jadis l'orateur romain :

« Si tu veux que je me taise, il faut me couper
cette langue ; et, fût-elle arrachée, ma liberté protes-
tera encore contre ta tyrannie ! »

RENÉ LAVOLLÉE.

PROPAGANDE POPULAIRE

Le Comité de Défense et de Progrès social, indépen-
damment des brochures à 0 fr. 05 dont la liste (moins les
numéros épuisés) est insérée ici p. 2 et 30, publie une
suite de *Tracts* plus spécialement destinés à la plus large
diffusion. Les tracts (n°^{os} 1 à 55) sont en vente au prix de
2 francs le cent assortis.

COMITÉ DE DÉFENSE ET DE PROGRÈS SOCIAL

PUBLICATIONS *(Suite, voir p. 2)*.

Nᵒ 14. La coopération, ses bienfaits et ses limites, par M. MABILLEAU, correspondant de l'Institut.

Nᵒ 15. Les solutions socialistes et le fonctionnarisme, par M. EUG. ROSTAND, de l'Institut.

Nᵒ 16. Salariés et capitalistes, par M. DANIEL ZOLLA.

Nᵒ 17. Voyage social en Allemagne, par M. GEORGES BLONDEL.

Nᵒ 18. Le rôle social de la colonisation, par M. J. CHAILLEY-BERT.

Nᵒ 19. Le Vooruit de Gand, par M. J. VAN DEN HEUVEL.

Nᵒ 20. Les expériences sociales en Australie, par M. PIERRE LEROY-BEAULIEU.

Nᵒ 21. La répression pénale et les intérêts populaires, par M. H. JOLY, de l'Institut.

Nᵒ 22. La crise du revenu et la loi du travail, par M. E. CHEYSSON, de l'Institut.

Nᵒ 23. Les finances françaises, par M. R. STOURM, de l'Institut.

Nᵒ 25. La criminalité de la jeunesse, par M. HENRI JOLY, de l'Institut.

Nᵒ 27. Les lois de la démocratie, par M. GABRIEL ALIX.

Nᵒ 28. Les ennemis de notre progrès économique, par M. GEORGES BLONDEL.

Nᵒ 29. Le socialisme électoral, par M. E. D'EICHTHAL, de l'Institut.

Nᵒ 30. La liberté d'enseignement, par M. ANATOLE LEROY-BEAULIEU, de l'Institut.

Nᵒ 31. La liberté du travail et l'arbitrage obligatoire, par M. LE COMTE DE LAS CASES, sénateur.

Nᵒ 32. Grèves, arbitrage et syndicats, par M. LE COMTE ALBERT DE MUN, de l'Académie française.

Nᵒ 33. Le travail de la femme à Lyon, monographie de syndicats de femmes, par Mˡˡᵉ M. L. ROCHEBILLARD.

Nᵒ 34. La liberté de la charité, par M. HENRI JOLY, de l'Institut.

Nᵒ 35. La femme et le divorce, par M. MORIZOT-THIBAULT.

Nᵒ 36. Les revendications des mineurs, par M. DELCOURT-HAILLOT.

Nᵒ 37. La mutualité familiale, par M. E. CHEYSSON, de l'Institut.

Nᵒ 38. L'alcoolisme et les classes dirigeantes, par M. le Dʳ JACQUET.

Nᵒ 39. Le programme des mineurs jaunes, par M. DELCOURT-HAILLOT.

Nᵒ 40. Les syndicats indépendants du Creusot et de Montceau, par M. MARCEL LEFRANC.

Nᵒ 41. Les syndicats ouvriers : syndicats de combat, syndicats de travail, par M. MAURICE DUFOURMANTELLE.

Nᵒ 42. Le jeune clergé et les études sociales, par M. L'ABBÉ MILLOT.

Nᵒ 43. Le droit de l'enfant, par M. F. BRUNETIÈRE, de l'Académie française.

Nᵒ 44. Les élections et la paix sociale, par M. LE COMTE DE LAS CASES, sénateur.

BULLETIN DE SOUSCRIPTION

…omité recevra avec reconnaissance les sous-
c…ns destinées à couvrir les frais de sa propa-
…tant à Paris qu'en province. Les souscripteurs
…ersé 20 francs et au-dessus recevront toutes
le… …ications du Comité. — La liste des souscrip-
…e sera pas publiée.

Je soussigné (nom et adresse lisibles) ______________

____

mets à la disposition du Comité la somme de ____________

____

joint au présent bulletin en mandat, bon ou chèque ; **ou
bien :** *que le Trésorier pourra faire toucher à mon domicile,
à partir du* ______________________________________

____

(DATE ET SIGNATURE)

**Adresser les Bulletins de Souscription à
M. DELAIRE, Secrétaire-Trésorier du Comité,** *rue de
Seine,* 54, *à Paris.*

PARIS. — IMPRIMERIE F. LEVÉ, RUE CASSETTE, 17.